COLORIAGE

POUR

W0242305

MON P'TIT HEMMA

JAMY, LE CHAT SORCIER

REPASSE

SUR LES POINTILLÉS POUR FORMER SON CHAPEAU.

DES GOURMANDISES EFFRAYANTES

DESSINE
LES YEUX MANQUANTS.

VICTOR, LE SORCIER

Compte les étoiles.

MERLIN,
LE CHAT NOIR

REPASSE SUR LES POINTILLÉS POUR FORMER LE CHAUDRON.

LÉA,
LA CHAUVE-
SOURIS

DESSINE

LES PETITES ARAIGNÉES.

MIAM, MIAM !

DESSINE LE FANTÔME.

LES PETITS
FANTÔMES

COMPTE LES FANTÔMES.

LES POTIONS MAGIQUES

REPASSE

SUR LES POINTILLÉS POUR FORMER LES FIOLES.

LES BONBONS

DESSINE LA CHAUVE-SOURIS.

LE MANOIR HANTÉ

DESSINE LES FENÊTRES.